Günter Grass · Czesław Miłosz
Wisława Szymborska · Tomas Venclova

Die Zukunft der Erinnerung

Günter Grass
Czesław Miłosz
Wisława Szymborska
Tomas Venclova

Die Zukunft der Erinnerung

herausgegeben von Martin Wälde

Steidl

Wir senden Ihnen gern unser kostenloses Gesamtverzeichnis zu:
Steidl Verlag, Düstere Straße 4, D-37073 Göttingen

1. Auflage 2001

Fotos: Gerhard Steidl
Lektorat: Daniela Hermes
Umschlaggestaltung: Klaus Detjen
Satz, Druck, Bindung:
Steidl, Düstere Straße 4, D-37073 Göttingen
Printed in Germany
ISBN 3-88243-713-8

Günter Grass, Czesław Miłosz, Tomas Venclova und Wisława Szymborska

Inhalt

Martin Wälde

Das Treffen von Vilnius

Wie macht die Ostsee? –
Blubb, pifff, pschsch …
Auf deutsch, auf polnisch, auf litauisch:
Blubb, pifff, pschsch …[1]

Am 1. und 2. Oktober 2000 begegneten sich die drei Literaturnobelpreisträger Günter Grass, Czesław Miłosz und Wisława Szymborska sowie der litauische Dichter Tomas Venclova[2] – zum ersten und wahrscheinlich einzigen Mal vereint – in der litauischen Hauptstadt Vilnius (Wilna). Ihr Treffen auf Einladung des Goethe-Instituts Vilnius und des Polnischen Kulturinstituts bildete den Abschluß der öffentlichen Diskussionsreihe »Litauisch-deutsch-polnische Gespräche über die Zukunft der Erinnerung«[3], zehn Jahre nach Rückgewinnung der Unabhängigkeit. Noch in den achtziger Jahren wäre ein gemeinsames Auftreten von Grass, Miłosz, Szymborska und Venclova in der damals zur Sowjetunion gehörenden geschichtsträchtigen Stadt wohl undenkbar gewesen.

Der durchaus provinzielle Charakter von Vilnius, in Europa nicht gerade bekannt für literarische

Großereignisse, hat auf eigene Art zum Gelingen des Treffens beigetragen. In seinem Bericht für die *Frankfurter Allgemeine Zeitung* hob Thomas Steinfeld die atmosphärische Qualität der Begegnung hervor: »Wenn in diesen Tagen drei Nobelpreisträger für Literatur ... die Stadt besuchen, dann hat dieses Unternehmen auch etwas von der Anstrengung, weit hinter der Ostsee eine barocke Stadt zu errichten, als Bekenntnis und Beschwörung zugleich. Ein solches Unternehmen wäre in Paris, vielleicht sogar in Danzig, im besten Fall zur Belanglosigkeit verurteilt. Hier ist es anders: Die Mischung von Staatsbesuch und literarischem Leben gelingt in Vilnius, weil es hier, sehr klein und sehr weit entfernt, einen Ort gibt, in dem man mit Literatur Staat machen kann.«[4]

»Staat gemacht« haben die Literaten und Poeten in Vilnius vor allem mit ihrer Behandlung des Erinnerungsthemas. Das zwanzigste Jahrhundert war – wie keines zuvor – in Europa, aber auch global ein Jahrhundert der Entwurzelung, der Vertreibung, der Heimat- und Obdachlosigkeit, der Auslöschung, und ein Ende dieser Entwicklungen scheint gegenwärtig im Südosten Europas, aber vor allem in der sogenannten Dritten Welt nicht absehbar. Es ist sicher kein Zufall, daß viele der ganz großen Autoren des vergangenen Jahrhunderts aufgrund von Faschismus, Stalinismus und Nationalismus gezwungen waren, ihre Heimat zu verlassen, und ihr

Werk im Exil, in ihrer neuen »Wahlheimat«, geschaffen haben – ein Werk, in dem sie die Orte ihrer Herkunft immer wieder literarisch vergegenwärtigen. Der Verlust von Heimat beschwört offensichtlich ungeheure, poetisch modellierende Kräfte des Erinnerns: Salman Rushdie, Isaac Bashevis Singer, Joseph Brodsky, Witold Gombrowicz, Julio Cortázar, Johannes Bobrowski, György Konrád und viele andere bezeugen dies.

Der Verlust der Heimat – erinnert in Essayistik, Poesie und erzählender Literatur –, die Erfahrung des Exils, des »Nichtmehrzurückkönnens«, vereinte in Vilnius die Dichter Grass, Miłosz und Venclova und gab dem Treffen zu dieser Zeit, an diesem Ort seine Dynamik und Relevanz. Sie reflektieren in ihren Reden exemplarisch die Geschichte des zwanzigsten Jahrhunderts und deren Lehren für die Zukunft. Während die in Litauen geborenen Autoren Miłosz und Venclova[5] vor allem ihre Erinnerungen an die Stadt Vilnius zum Ausgangspunkt nehmen, ist für Grass die verlorene Heimatstadt Danzig »zum andauernden Anlaß für zwanghaftes Erinnern, das heißt für das Schreiben aus Obsession geworden«.

Nicht so bei Wisława Szymborska. Die große polnische Lyrikerin, 1996 mit dem Nobelpreis geehrt, geriet in Vilnius – biographisch bedingt – in eine von ihr durchaus nicht ungeliebte Außenseiterrolle. Im Unterschied zu Grass, Miłosz und Venclova teilt

Szymborska die Erfahrung des politisch verursachten Heimatverlustes nicht, weil sie fast ihr ganzes Leben in Krakau wohnt. Öffentlichen Auftritten und Debatten nicht besonders zugeneigt, beschränkte sich die Lyrikerin in Vilnius wirksam auf ihr ureigenes Handwerk. Wie groß dennoch die Rolle ist, die Erinnern und Vergessen in ihrem Denken spielen, zeigen die vorgetragenen Gedichte.

Verlust von Heimat bedeutet Wanderung, Migration. Die ehemalige Heimat der einen wird zum Zufluchtsort anderer Heimatloser. Die deutschen Danziger fliehen 1945 nach Westen; Polen aus dem nun sowjetischen Vilnius wandern vor allem ins Danziger Gebiet aus.[6] In Mittel-Osteuropa haben Städte wie Vilnius, Klaipėda (Memel) oder Gdańsk (Danzig) ihre im Verlauf von Jahrhunderten entstandene multiethnische Identität aufgrund von Eroberungsgelüsten und Kriegswirren in den vergangenen hundert Jahren radikal gewandelt. Alle drei Städte sind Grenzstädte, angesiedelt in europäischen Grenzregionen, in denen sich seit dem Mittelalter Sprachen, Religionen, Nationalitäten, Ethnien mischten und zumeist fruchtbar bereicherten. Vor allem der Nationalsozialismus, Hitlers Rassen- und Eroberungswahn im Osten, zerstörte die kulturelle Identität sprich Vielfalt dieser Grenzstädte, zum Beispiel ihre jüdischen Lebenswelten. Aber auch der Stalinismus und die Ideologien des Homo Sovieticus tilgten systematisch das kulturelle Gedächtnis: überlieferte Werte, Traditionen und künstlerische Ausdrucksformen. Die Erinnerungsräume der Sowjetbürger wurden mittels Zensur, Angst und Repression jahrzehntelang zugenagelt. Das hatte auch Folgen für das Bewußtsein auf der anderen Seite des Eisernen Vorhangs: Stereotype und Feindbilder beherrschten (und beherrschen) in Westeuropa weitgehend die Wahrnehmung vom »Osten«. Städte wie Vilnius, Kaunas, Klaipėda wurden nicht mehr erinnert, sie existierten für die meisten Westeuropäer einfach nicht mehr und blieben – vielfach bis heute – vergessen.

Grass, Miłosz und Venclova erinnerten in Vilnius quasi stellvertretend für viele Deutsche, Polen und Litauer, daß sie diesen gemeinsamen Kulturraum um die Ostsee über alle Grenzen hinweg einmal teilten und daß sie als Zeitzeugen schmerzhaft die gewaltsame Isolierung ihrer Heimatstädte von Westeuropa und ihre soziale, politische und kulturelle »Umwidmung« erlebten bzw. aus der Ferne beobachteten. Seit 1945 haben vor allem Czesław Miłosz und Günter Grass immer wieder die persönliche Erinnerung an erlebte Geschichte und Geschichten gegen die politischen Mythen und die historischen Lügen der ideologischen Blöcke gestellt, wie Grass in der »Blechtrommel«, den »Hundejahren« oder in »Mein

Jahrhundert« und Miłosz in »West- und Östliches Gelände« oder in »Die Straßen von Wilna«.

Das Ende des Kalten Krieges und der radikale Neuanfang und Umbau der Gesellschaften in Mittel- und Osteuropa – der sogenannte Transformationsprozeß – führen seit einem Jahrzehnt zu neuen Modi des kollektiven und individuellen Erinnerns und zu einer stark veränderten Bewertung der eigenen Geschichte und Geschichtsschreibung. »In Europa ging mit dem Zusammenbruch der Ost-West-Grenze eine Ära eingefrorener Erinnerungen zu Ende, eingefroren unter der Eisdecke der Polarisierung zweier einzig wahrer Lehren. Im Osten meldeten sich ethnische Identitäten zurück und mit ihnen ihre Sprachen, Kulturen, ihre Geschichte und ihre Götter.«[7] Der Umbau von Identitäten befindet sich in Osteuropa immer noch in den Anfängen, und neue Erinnerungen verfälschen und verzerren wiederum das Geschichtsbild auf ihre Weise. Im gesellschaftlichen, künstlerischen und politischen Selbstverständigungsprozeß kommt es in Litauen wie auch in anderen Ländern des ehemaligen »Ostblocks« vielfach zu einer erneuten »Umwidmung« der Vergangenheit.

Die komplizierte Semantik der Erinnerungsdiskurse (und deren latente Subtexte) beschäftigen insbesondere Miłosz und Venclova im Blick auf die heutige Hauptstadt Litauens. Vilnė, Wilna, Vilnia,

Wilno, Vilno, Vilnius sind Namen ein und derselben Stadt und verweisen die Erinnerungen auf jüdische, weißrussische, deutsche, russische, polnische und litauische Vereinnahmungen. Vilnius verkörpert exemplarisch, wie vielleicht keine andere Stadt Europas, die politischen und menschlichen Tragödien und die Verirrungen des zwanzigsten Jahrhunderts; die Stadt wechselte allein in diesem Zeitraum mehr als zehnmal ihre Machthaber.

Als Grenzstadt zwischen römischer und byzantinischer Tradition liegt diese einzigartige Barockstadt an der geographischen Scheidelinie zwischen West und Ost. Der »ortsansässige Barock« (Joseph Brodsky) von Vilnius ist mit seinen zahllosen Kirchen, Engeln, Torbögen und Voluten eine Erinnerungsfestung des antireformatorischen Großunternehmens der Jesuiten, die hier am Rande Nordosteuropas im siebzehnten Jahrhundert Stein auf Stein ein Bollwerk katholischen Glaubens errichteten, das seinesgleichen in Europa sucht.

Vilnius verdankt seine bewegte Geschichte und komplexe Identität nicht nur den Jesuiten aus ganz Europa, den Polen, Litauern, Russen, Weißrussen und auch Deutschen und Italienern, sondern war als »Jerusalem des Nordens« mit seinen zahllosen Synagogen vor allem ein kulturelles Zentrum des aufgeklärten, osteuropäischen Judentums. Bis zur fast völligen Auslöschung der Vilniuser Juden durch die Deutschen während des Zweiten Weltkriegs bildeten sie die Mehrheit der Stadtbevölkerung (ansonsten war die Stadt bis 1945 vor allem von Polen und Russen bewohnt). Die engen Gassen, Hinterhöfe und eine übriggebliebene Synagoge »erinnern« inmitten des über lange Zeit friedlich koexistierenden katholischen Barocks an die bedeutende jüdische Geschichte dieser Stadt. Czesław Miłosz hat schon recht, wenn er sagt, daß die magische Schönheit von Vilnius einen fast vergessen läßt, daß wir hier am Grab von Zehntausenden Juden stehen. Daß wir daran immer wieder erinnern müssen, um nicht zu vergessen, ist auch der Fluch der Erinnerungen, der über der barocken Altstadt von Vilnius liegt.

Wie können angesichts der überaus leidvollen Erfahrungen im zwanzigsten Jahrhundert Litauer, Polen und Deutsche in der nun gewonnenen Freiheit bestehen? Soll man sich dabei für die Strategie des Vergessens entscheiden, um nach den bitteren Erfahrungen von Diktaturen den Weg für eine versöhnliche Zukunft freizumachen? Geht das überhaupt? Oder liegt die Chance für die Zukunft nicht vielmehr in einer kritischen, aufklärerischen Erinnerungsbemühung, damit Friede und Freiheit eine Chance haben? Die Frage nach der Zukunft der Erinnerung in unseren Ländern ist im Kern auch die Frage nach der Zukunft Europas.

Für Litauen sind diese Fragen von ebenso grundsätzlicher Bedeutung wie für Deutsche und Polen. Litauens Bevölkerung wurde (vor allem nach 1945) durch Deportationen in den Gulag um ein Drittel dezimiert. In keinem anderen Land Europas wurde ein so großer Anteil der jüdischen Bevölkerung ausgelöscht (über neunzig Prozent). Der bis Anfang der sechziger Jahre währende Einsatz von Partisanen gegen die Sowjets blieb den Litauern in ihrem Kampf um die Freiheit und die Rückgewinnung ihrer Unabhängigkeit tief im Gedächtnis. Viele Litauer hatten während des Zweiten Weltkriegs das Leben von Juden gerettet, es haben aber auch viele Litauer mit den deutschen Okkupanten kollaboriert und den Untergang ihrer jüdischen Mitbürger mitexekutiert. Eine schreckliche und vielfach bezeugte Wahrheit, der auch heute – zehn Jahre nach der Erlangung der Unabhängigkeit – in der litauischen Geschichtsforschung und Öffentlichkeit nur zögernd ins Gesicht geschaut wird.[8] Bei uns Deutschen war es bis spät in die sechziger Jahre nicht viel anders – Grass' »Danziger Trilogie« und »Aus dem Tagebuch einer Schnecke« handeln davon.

Günter Grass, Czesław Miłosz, Wisława Szymborska und Tomas Venclova haben sich in Vilnius entschieden gegen die Strategie des Vergessens ausgesprochen. Reflektiert wurde von ihnen gerade auch der Wahrheitsgehalt kollektiver Erinnerungen und die in ihren Städten sedimentierte Geschichte und Geschichten, die sich mitunter in verfälschenden, verzerrten Erinnerungsbemühungen »offizieller« Geschichtsschreibung und Geschichtspolitik spiegeln. Grass, Miłosz, Szymborska und Venclova widersetzen sich aufklärerisch-kritisch gefährlichen Nationalismen und Geschichtsmythen, die Europa in den Abgrund rissen. Nur mit einer kritischen und selbstkritischen Erinnerungsaufklärung, die individuell in den Geschichten unserer alltäglichen Lebenswelt verwurzelt ist, die aber eine transsubjektive Geltung hat, kann Europa in seiner neuen Freiheit bestehen. So könnte man vielleicht das Credo der Vilniuser Texte zur Zukunft der Erinnerung zusammenfassen.

Die Autoren haben das mit ihren Werken längst bestätigt. Sind es am Ende nicht immer wieder die Schriftsteller, die mit ihren fiktionalen Gebilden der Wahrheit und Wahrhaftigkeit unserer *condition humaine* am nächsten kommen? Siegen am Ende also nicht doch die Geschichten über »die Geschichte«, die gelebten Erinnerungen von »ich« und »wir« und »du« über die »gemachten« und selbstgefälligen Erinnerungen der Fälscher?

Abschließend persönliche Worte des Dankes. Das Treffen von Vilnius wäre ohne die mustergültige polnisch-deutsche Zusammenarbeit in Litauen niemals zustande gekommen. Mein besonderer Dank gilt meiner Kollegin vom Polnischen Kulturinstitut, Frau Dr. Małgorzata Kasner, und Frau Prof. Dr. Eufemia Teichmann, polnische Botschafterin a. D., sowie Vladimir Tarasov vom Russischen Theater in Vilnius. Für ihren Rat und ihre Taten möchte ich meinen Kolleginnen und Kollegen der Goethe-Institute in Warschau, München und vor allem Vilnius ganz herzlich danken, insbesondere der unermüdlichen Daivita Jackevičienė.

Die in diesem Band vorgestellten Reden[9] wurden von den Autoren als Einleitung zur Diskussion eigens für das Treffen am 2. Oktober 2000 in Vilnius verfaßt. Die Gedichte von Günter Grass und Wisława Szymborska wurden vor der Diskussionsveranstaltung im Rathaus von den Autoren im Russischen Theater gelesen.

Vilnius, im November 2000

Anmerkungen

1 In Anlehnung an Günter Grass' Gedicht »Kleckerburg« (abgedruckt in diesem Band).

2 Von dem in Deutschland noch weithin unbekannten Lyriker Venclova erschien kürzlich eine erste Auswahl von Gedichten mit einem einführenden Essay von Joseph Brodsky. Tomas Venclova: »Vor der Tür das Ende der Welt«. Gedichte, Hamburg 2000. Vgl. auch Carola Dürr: »Ich möchte Therapeut sein für mein Land«, über Tomas Venclova und das Treffen in Vilnius, in: *Die Welt* vom 12. Dezember 2000.

3 Im Rahmen der Diskussionsreihe waren aus Deutschland Richard von Weizsäcker, Norbert Frei und Joachim Gauck zu Gast in Vilnius.

4 Thomas Steinfeld: »Wolkenleser über dünnem Eis«, in: *Frankfurter Allgemeine Zeitung* vom 5. Oktober 2000.

5 Czesław Miłosz, geboren 1911 in Šateiniai bei Kaunas, aufgewachsen in Vilnius, emigrierte 1951 aus Polen nach Frankreich, zehn Jahre später nach Berkeley (Kalifornien); Tomas Venclova, geboren 1937 in Klaipėda, emigrierte 1977 aus der Sowjetrepublik Litauen in die USA. Miłosz schreibt vor allem in seiner Muttersprache Polnisch; Venclova dichtet auf Litauisch, schreibt und übersetzt aber auch auf Polnisch, Russisch und Englisch. Beide leben heute abwechselnd in den USA und in Krakau.

6 Günter Grass hat in seiner Erzählung »Unkenrufe« (1992) die Schicksale von Vertriebenen aus Danzig und Vilnius mit ihrem nach der Wende ins Leben gerufenen Versöhnungswerk einer »Polnisch-Deutsch-Litauischen Friedhofsgesellschaft« satirisch in unsere Gegenwart überführt. »Überführt« werden hier gewinnträchtig die Leichen der Vertriebenen zurück in ihre Heimaterde.

7 Vgl. Aleida Assmann: »Erinnerungsräume. Formen und Wandlungen des kulturellen Gedächtnisses«, München 1999, S. 62, und Frank Schirrmacher (Hg.): »Im Osten erwacht die Geschichte: Essays zur Revolution in Mittel- und Osteuropa«, Stuttgart 1990.

8 Neben der vom litauischen Präsidenten Adamkus ins Leben gerufenen Historikerkommission zur Aufklärung der NS- und Sowjetverbrechen in Litauen sind in jüngster Zeit in Deutschland wichtige Augenzeugenberichte zum Genozid der Juden in Litauen während

der deutschen Okkupation 1941–1944 erschienen. Bemerkenswert sind vor allem »Dieses Kind soll leben. Die Aufzeichnungen der Helene Holzmann 1941–1944«, hrsg. von Reinhard Kaiser und Margarete Holzmann (Frankfurt am Main 2000) mit ausführlicher Bibliographie zum Thema, Raya Kruk: »Lautlose Schreie. Berichte aus dunklen Zeiten« (Frankfurt am Main 1999) sowie Grigorij Schur: »Die Juden von Wilna« (Amsterdam 1997, München 1999) und Schoschana Rabinovici: »Dank meiner Mutter« (Frankfurt am Main 1994).

9 Die Rede von Günter Grass druckte die *Frankfurter Allgemeine Zeitung* am 4. Oktober 2000. Die Rede von Miłosz erschien am 21. Oktober 2000 in der *Frankfurter Allgemeinen Zeitung*. Für die Gedichte von Günter Grass und Wisława Szymborska verweisen wir auf ihre Gedichtsammlungen im Steidl Verlag bzw. im Suhrkamp Verlag. Die Rede von Tomas Venclova wird in deutscher Übersetzung hier erstmals veröffentlicht.

Günter Grass

Ich erinnere mich . . .

oder ich werde erinnert durch etwas, das mir quersteht, seinen Geruch hinterlassen hat oder in verjährten Briefen mit tückischen Stichworten darauf wartete, erinnert zu werden. Diese und weitere Fallstricke bringen uns ins Stolpern. Aus dem Abseits taucht etwas auf, das nicht sogleich zu benennen ist. Sprachlose Gegenstände stoßen uns an; Dinge, die uns seit Jahren, so meinten wir, teilnahmslos umgaben, plaudern Geheimnisse aus: peinlich, peinlich! Dazu Träume, in denen wir uns als Fremde begegnen, unfaßbar, endloser Deutung bedürftig.

Auch während Reisen an Orte, die hinter uns liegen, die zerstört wurden, verloren sind und nun fremd klingen und anders heißen, holt uns plötzlich Erinnerung ein. So geschah es mir im Frühjahr 1958, als ich zum ersten Mal nach Kriegsende die langsam aus abgeräumten Trümmern nachwachsende Stadt Gdańsk besuchte und beiläufig hoffte, auf verbliebene Spuren von Danzig zu stoßen. Gewiß, Schulgebäude waren stehen geblieben und ließen in ihren Korridoren wohlkonservierten Schulmief aufleben. Schulwege hingegen schienen kürzer zu sein, als mir erinnerlich war. Dann aber, als ich das einstige Fischerdorf Brösen aufsuchte und den schlappen

Anschlag der Ostsee als unverändert erkannte, stand ich plötzlich vor der verschlossenen Badeanstalt und dem gleichfalls vernagelten Kiosk seitlich vorm Eingang. Und sogleich sah ich die billigste Freude meiner Kindheit aufschäumen: Brausepulver mit Himbeer-, Zitrone- und Waldmeistergeschmack, das in jenem Kiosk für Pfennige in Tütchen zu kaufen war. Doch kaum prickelte das erinnerte Erfrischungsgetränk, begann es sogleich Geschichten zu hecken, wahrhafte Lügengeschichten, die nur auf das richtige Kennwort gewartet hatten. Das harmlose und simpel wasserlösliche Brausepulver löste in meinem Kopf eine Kettenreaktion aus: aufschäumende frühe Liebe, dieses wiederholte und dann nie wieder erlebte Prickeln.

Erinnerung ist – so verschwommen und lückenhaft sie erscheint – mehr als das auf Genauigkeit zu schulende Gedächtnis. Erinnerung darf schummeln, schönfärben, vortäuschen, das Gedächtnis hingegen tritt gerne als unbestechlicher Buchhalter auf. Doch wissen wir, daß mit dem Alter das Gedächtnis abnimmt, während in der Erinnerung all das, was lange verschüttet war – die Kindheit –, nun nahe gerückt erscheint, oft zu Glücksmomenten verdichtet. Mich, der ich immer noch gern in die Pilze gehe, überfällt gelegentlich die Erinnerung an jenen Augenblick, in dem ich als Kind in den Wäldern der Kaschubei plötzlich vor einem vereinzelten Steinpilz stehe. Er ist größer und herrlicher von Gestalt, als ich ihn später jemals gefunden habe. Also werde ich weiterhin suchen. Die Erinnerung hat mir ein Maß gesetzt.

Der Schriftsteller erinnert sich professionell. Als Erzähler ist er in dieser Disziplin trainiert. Er weiß, daß die Erinnerung eine oft zitierte Katze ist, die gestreichelt sein will, manchmal sogar gegen den Strich, bis es knistert: dann schnurrt sie. So beutet er seine Erinnerung aus und notfalls die Erinnerung frei erfundener Personen. Erinnerung ist ihm Fundgrube, Müllhalde, Archiv. Er pflegt sie, wie man nachwachsenden Schnittlauch pflegt. Zwar weiß er, daß die Literatur ein Vielfraß ist und sogar Zeitungsnotizen und ähnlich unreife oder roh vom Messer springende Aktualitäten verschlingt, aber wiedergekäute Erinnerungen sind sein Hauptnahrungsmittel; in Dürrezeiten erinnert er sich an bereits abgegraste Erinnerungen. Es mag eine berufliche Deformation sein, die es ihm erlaubt, Schmerzhaftes, Beschämendes, sogar erinnertes Versagen mit Lust zu verwerten.

So ist mir die verlorene Heimat zum andauernden Anlaß für zwanghaftes Erinnern, das heißt für das Schreiben aus Obsession geworden. Etwas, das endgültig verloren ist und ein Vakuum hinterlassen hat, das mit dem Surrogat der einen oder anderen Ersatzheimat nicht aufgefüllt werden konnte, sollte auf weißem Papier Blatt für Blatt erinnert, beschworen, gebannt werden, und sei es verzerrt, wie auf Spiegelscherben eingefangen. Mit Kalkül wurde Erinnerung abgemolken, auf daß sie in satten Portionen einen ichversessenen Erzähler verköstigte, der aus besonderer Perspektive das Kleine groß, das Große klein sah. Alle Schleusen standen offen. Alles war wieder präsent und greifbar. Danziger Straßenbahnlinien, die Kinos der Altstadt und Vorstädte. Und in anderer Gestalt trat jener kaschubische Onkel ins erinnerte Bild, der bei Kriegsbeginn als Verteidiger der Polnischen Post wider Willen zum Helden wurde. Seinen Tod hat die Familie beschwiegen. Nur noch Gerede über Kesselschlachten, Sondermeldungen, Siege am laufenden Band und umständlich verplauderte Alltäglichkeiten, von denen Wortfetzen hängenblieben.

Erinnerte Sprache: ein erst Jahrzehnte nach Kriegsende mit den ältesten Flüchtlingen wegsterbendes Gemaule, jenes nach West- und Ostpreußen hin mehr und mehr ins Breite gewalkte Plattdeutsch, dessen kaschubische Variante, wenn meine Verwandten Deutsch sprachen, mir bis ins Detail erinnerlich ist. Etwa der mir im Jahr 58 von einer Großtante ins Ohr geflüsterte Satz, der nur mit Verlust ins Hochdeutsche zu übertragen wäre: »Ech waiß, Ginterchen, em Wästen is bässer, aber em Osten is scheener.« Diese abwägende Definition hat sich nicht nur in meiner Erinnerung verpuppt, vielmehr geisterte sie fortan, Ost und West wertend, in meinen Büchern und gibt mir heute noch Orientierung.

Soviel in Stichworten zur Manie des Schriftstellers, zum professionellen Erinnern. Doch gibt es – und sei es als Forderung oder Behauptung, aber auch bei rituell abgefeierten Anlässen – ein kollektives Erinnern. In ganz Europa wird es angerufen, bemüht, verweigert. Kriege und Kriegsverbrechen sind ihm zur Last geworden. Ideologische Prägungen haften ihm immer noch an. Besonders bereitet die kollektive Erinnerung der älteren Generation Mühe. Vielleicht ist uns Deutschen deshalb die typische und ein Klischee betonende Wortprägung »Erinnerungsarbeit« eingefallen. Sie wird als Schuldbekenntnis verlangt, als Zumutung versagt und mit Fleiß geleistet, denn seit Jahrzehnten, solange uns die Vergangenheit immer wieder eingeholt hat, wird sie wie eine Pflichtübung absolviert, seit den sechziger Jahren auch von der jeweils jungen, wie man meinen sollte, unbelasteten Generation. Es ist, als wollten sich die Kinder und Enkel stellvertretend für ihre schweigsamen Väter und Großväter erinnern.

Gegenwärtig vergeht keine Woche, in der nicht vor dem Vergessen gewarnt wird. Nachdem wir uns, wie gehofft wurde, ausreichend oft an die verfolgten, emigrierten, ermordeten Juden in unfaßbar großer Zahl erinnert haben, erinnern wir uns spät an die Verschleppung und Ermordung Zehntausender Zigeuner. Für viele zu spät, sind wir gegenwärtig gezwungen, uns an das Schicksal Hunderttausender Zwangsarbeiter zu erinnern, die aus Polen, aus Litauen, der Sowjetunion und vielen anderen Ländern kamen und an die Fließbänder der deutschen Kriegsindustrie gestellt wurden. Es ist, als gewönnen die in nur zwölf Jahren begangenen Verbrechen mehr und mehr an Gewicht, je größer die zeitliche Distanz zu den pauschal als Schande bezeichneten Untaten wächst. Hilflos muten Versuche an, mit Denkmälern der Erinnerung Gestalt zu geben. In Berlin beispielsweise brach Streit aus. Nicht nur ästhetische Fragen drängten sich in den Vordergrund. »Erinnert euch!« riefen die einen, »Jetzt ist es aber genug!« fanden die anderen. Manchmal geschieht es, daß Fremde, die uns zuschauen, den erinnernden Umgang der Deutschen mit ihrer Vergangenheit »selbstquälerisch« nennen, wobei mitgesagt wird, daß unser Erinnern qualvoll ist. Doch dem ist kein Ende abzusehen. Wenn wir Zukunft planen, hat die Vergangenheit im angeblich jungfräulichen Gelände bereits ihre Duftmarken hinterlassen und Wegweiser gepflockt, die in abgelebte Zeiten zurückführen.

Merkwürdig und beunruhigend mutet dabei an, wie spät und immer noch zögerlich an die Leiden erinnert wird, die während des Krieges den Deutschen zugefügt wurden. Die Folgen des bedenkenlos begonnenen und verbrecherisch geführten Krieges, nämlich die Zerstörung deutscher Städte, der Tod Hunderttausender Zivilisten durch Flächenbombardierung und die Vertreibung, das Flüchtlingselend von zwölf Millionen Ostdeutschen, waren nur Thema im Hintergrund. Selbst in der Nachkriegsliteratur fand die Erinnerung an die vielen Toten der Bombennächte und Massenflucht nur wenig Raum. Ein Unrecht verdrängte das andere. Es verbot sich, das eine mit dem anderen zu vergleichen oder gar aufzurechnen. Überdies lehrt die Erfahrung, daß sich die Opfer von Gewalt, gleich, wer sie ausgeübt hat, nicht an erlittene Greuel erinnern wollen; sie haben das Recht, vergessen, ja, verdrängen zu dürfen, auf ihrer Seite.

So wird denn vieles, selbst wenn es als qualvolle Erinnerung wiederholt ins Bewußtsein drängt, ungesagt bleiben. Das Schweigen der Opfer ist dennoch unüberhörbar. Da niemals Frieden war und die Gegenwart auf dem Balkan und im Kaukasus, an vielen Schreckensorten dieser Welt, von Mord, Flucht und Vertreibung bestimmt ist, wird das Erinnern als Nachhall überlebter Leiden nicht aufhören. Kürzlich schrieb der ungarische Schriftsteller György Konrád mit Blick auf die Geschichte Europas: »Erinnern ist menschlich, wir können sagen, das Humane an sich.« Sein Hinweis, daß die Natur sich der Geschichte gegenüber gleichgültig verhalte, betont die den Menschen isolierende Fähigkeit, sich erinnern zu können, auf zwiespältige Weise, als sei diese Gabe Gnade und Fluch zugleich; Fluch, indem sie nicht von uns abläßt, Gnade, indem sie den Tod aufhebt. So reden wir in der Erinnerung mit Lebenden und Gestorbenen. Indem man sich an uns erinnern wird, werden wir überleben. Das Vergessen jedoch besiegelt den Tod.

Kleckerburg

Gestrichnes Korn, gezielte Fragen
verlangt die Kimme lebenslang:
Als ich verließ den Zeugenstand,
an Wände, vor Gericht gestellt,
wo Grenzen Flüsse widerlegen,
sechstausend Meter überm Mief,
zu Hause, der Friseur behauchte
den Spiegel, und sein Finger schrieb:
Geboren wann? Nun sag schon, wo?
    Das liegt nordöstlich, westlich von
    und nährt noch immer Fotografen.
    Das hieß mal so, heut heißt es so.
    Dort wohnten bis, von dann an wohnten.
    Ich buchstabiere: Wrzeszcz hieß früher.
    Das Haus blieb stehen, nur der Putz.
    Den Friedhof, den ich, gibts nicht mehr.
    Wo damals Zäune, kann heut jeder.
    So gotisch denkt sich Gott was aus.
    Denn man hat wieder für viel Geld.
    Ich zählte Giebel, keiner fehlte:
    das Mittelalter holt sich ein.
    Nur jenes Denkmal mit dem Schwanz
    ist westwärts und davon geritten.

Und jedes Pausenzeichen fragt;
denn als ich, zwischen Muscheln, kleckerte mit
Sand,
als ich bei Brentau einen Grabstein fand,
als ich Papier bewegte im Archiv
und im Hotel die Frage in fünf Sprachen:
Geboren wann und wo, warum?
nach Antwort schnappte, beichtete mein Stift:
Das war zur Zeit der Rentenmark.
Hier, nah der Mottlau, die ein Nebenfluß,
wo Forster brüllte und Hirsch Fajngold
schwieg,
hier, wo ich meine ersten Schuhe
zerlief, und als ich sprechen konnte,
das Stottern lernte: Sand, klatschnaß,
zum Kleckern, bis mein Kinder-Gral
sich gotisch türmte und zerfiel.
Das war knapp zwanzig Jahre nach Verdun;
und dreißig Jahre Frist, bis mich die Söhne
zum Vater machten; Stallgeruch
hat diese Sprache, Sammeltrieb,
als ich Geschichten, Schmetterlinge spießte
und Worte fischte, die gleich Katzen
auf Treibholz zitterten, an Land gesetzt,
zwölf Junge warfen: grau und blind.
Geboren wann? Und wo? Warum?
Das hab ich hin und her geschleppt,
im Rhein versenkt, bei Hildesheim begraben;

doch Taucher fanden und mit Förderkörben
kam Strandgut Rollgut hoch, ans Licht.
    Bucheckern, Bernstein, Brausepulver,
    dies Taschenmesser und dies Abziehbild,
    ein Stück vom Stück, Tonnagezahlen,
    Minutenzeiger, Knöpfe, Münzen,
    für jeden Platz ein Tütchen Wind.
    Hochstapeln lehrt mein Fundbüro:
    Gerüche, abgetretne Schwellen,
    verjährte Schulden, Batterien,
    die nur in Taschenlampen glücklich,
    und Namen, die nur Namen sind:
    Elfriede Broschke, Siemoneit,
    Guschnerus, Lusch und Heinz Stanowski;
    auch Chodowiecki, Schopenhauer
    sind dort geboren. Wann? Warum?
Ja, in Geschichte war ich immer gut.
Fragt mich nach Pest und Teuerung.
Ich bete läufig Friedensschlüsse,
die Ordensmeister, Schwedennot
und kenne alle Jagellonen
und alle Kirchen, von Johann
bis Trinitatis, backsteinrot.
    Wer fragt noch wo? Mein Zungenschlag
    ist baltisch tückisch stubenwarm.
    Wie macht die Ostsee? – Blubb, pifff, pschsch ...
    Auf deutsch, auf polnisch: Blubb, pifff,
                                                            pschsch ...

Doch als ich auf dem volksfestmüden,
von Sonderbussen, Bundesbahn
gespeisten Flüchtlingstreffen in Hannover
die Funktionäre fragte, hatten sie
vergessen, wie die Ostsee macht,
und ließen den Atlantik röhren;
ich blieb beharrlich: Blubb, pifff, pschsch ...
Da schrien alle: Schlagt ihn tot!
Er hat auf Menschenrecht und Renten,
auf Lastenausgleich, Vaterstadt
verzichtet, hört den Zungenschlag:
Das ist die Ostsee nicht, das ist Verrat.
Befragt ihn peinlich, holt den Stockturm her,
streckt, rädert, blendet, brecht und glüht,
paßt dem Gedächtnis Schrauben an.
Wir wollen wissen, wo und wann.
Nicht auf Strohdeich und Bürgerwiesen,
nicht in der Pfefferstadt – ach, wär ich doch
geboren zwischen Speichern auf dem Holm! –
in Strießbachnähe, nah dem Heeresanger
ist es passiert, heut heißt die Straße
auf polnisch Lelewela – nur die Nummer
links von der Haustür blieb und blieb.
Und Sand, klatschnaß, zum Kleckern: Gral ...
In Kleckerburg gebürtig, westlich von.
Das liegt nordwestlich, südlich von.
Dort wechselt Licht viel schneller als.
Die Möwen sind nicht Möwen, sondern.

Und auch die Milch, ein Nebenarm der Weichsel,
floß mit dem Honig brückenreich vorbei.
Getauft geimpft gefirmt geschult.
Gespielt hab ich mit Bombensplittern.
Und aufgewachsen bin ich zwischen
dem Heilgen Geist und Hitlers Bild.
Im Ohr verblieben Schiffssirenen,
gekappte Sätze, Schreie gegen Wind,
paar heile Glocken, Mündungsfeuer
und etwas Ostsee: Blubb, pifff, pschsch …

Czesław Miłosz

Aus dem Polnischen von Dorota Swinarska

Wilna

Es gibt wenige Städte in Europa, die so mythologisiert werden wie Wilna, die so umwoben sind von Erzählungen, die aus der Vergangenheit stammen. Sie müssen nicht unbedingt den Tatsachen entsprechen. Die Geschichte dieser Stadt ist so eigenartig, daß sie geradezu einlädt, sie in märchenhafte Dimensionen zu übertragen, was auch oft gemacht wurde. Und die Erzählungen änderten sich je nachdem, wer sie erzählte: ob es Litauer waren oder Polen, Juden oder Weißrussen. Weil es mir um das kollektive Gedächtnis geht, muß ich gestehen, daß ich die historische Wahrheit in gewissen Grenzen für möglich und zudem für sehr notwendig halte.

Der Beruf des Historikers besteht in der Überzeugung, an eine objektive Wahrheit gelangen zu können; in Archiven wühlend, sucht er den Zugang zu ihr. In derselben Situation wie der Historiker befindet sich jedoch auch der Schriftsteller, wenn er über Themen schreibt, die er der Geschichte entnimmt: Wenn sich sein Werk nicht an die Realität hält, hat es keine Dauer. Festzustellen, »wie das wirklich gewesen ist«, ist leider sehr schwierig. Die Menschen, die einst gelebt haben, unterliegen bewußten oder unbewußten Manipulationen durch die Menschen, die jetzt leben. In einer Stadt wie Wilna sind es in erster Linie Manipulationen, die im Interesse der verschiedenen sprachlichen oder ethnischen Gruppen liegen.

Ich bin neunundachtzig Jahre alt, ich bin in dieser Stadt aufgewachsen, und ich gestehe, daß Wilna für mich eine Last ist. Es wird von mir erwartet, daß ich lediglich nette Sachen sage, um niemanden zu kränken. Ich bin jedoch kein Diplomat, wenngleich mir selbstverständlich gute Beziehungen zwischen Polen und Litauen sehr wichtig sind. Aber immer wenn ich nach Wilna komme, habe ich leider den Eindruck, daß man hier sehr vorsichtig sein muß und daß es nicht genügt, einfach Mensch zu sein. Jeder wird gleich danach gefragt, ob er Litauer oder Pole oder Jude oder Deutscher sei. Als ob das finstere zwanzigste Jahrhundert, das Jahrhundert der ethnischen Teilungen, hier immer noch andauern würde.

Weil ich oft die Interessen des unabhängigen Litauens verteidigt habe, hegen die polnischen Demagogen keine Sympathie für mich, und sie verbreiten, daß ich so verfahre, weil ich Litauer sei. Nun bin ich im Herzen Litauens geboren, und ich hätte mehr das Recht, »Litauen, Land meiner Väter!« zu schreiben, als mein großer Patron Mickiewicz. Im Laufe der vielen Jahre, die ich in Amerika verbracht habe, bezog ich die Kraft meiner Poesie aus dem Gefühl der Verbundenheit mit meinen provinziellen Wurzeln im Kreis von Kėdainiai. Meine Vorfahren haben schon im sechzehnten Jahrhundert Polnisch gesprochen. Ich habe polnische Schulen besucht. Als ich 1940 in Wilna den litauischen Personalausweis erhalten habe, stand »lenkas« (Pole) in der Spalte »Nationalität«. Als polnischer Dichter mußte ich unter den Optionen wählen, die die polnische Kultur anbot, und sehr früh habe ich die Abneigung gegen den polnischen Nationalismus gewählt. Das bedeutet nicht, daß mir der litauische Nationalismus gefallen hätte, daß ich ihm mehr Verständnis und Toleranz entgegengebracht hätte.

Aber die Rubrik »Nationalität« im Personalausweis war zweifellos ein Beweis für den Nationalismus im Litauen der Vorkriegszeit. Die Ideologie dieses Staates nährte sich vom Mythos eines litauischen Wilna, die junge Generation der Litauer wurde einer entsprechenden Propaganda unterzogen. Nach der Teilung Polens durch Hitler und Stalin kamen viele junge Litauer nach Wilna. Sie mußten bemerken, daß der im Schulunterricht vermittelte litauische Charakter von Wilna nicht der Wahrheit entsprach, weil die Stadt einen nur geringen Prozentsatz von Litauern hatte. Die Mehrheit der Bevölkerung setzte sich aus Polen und Juden zusammen. Vor 1939 existierten das polnische und das jüdische Wilna nebeneinander, aber sie kommunizierten kaum miteinander; es waren im Grunde genommen zwei Städte, zwei Kulturen.

Für die Polen ist Wilna immer noch die Wiege der Romantik, der wichtigsten Bewegung in der polnischen Geschichte, deren Bedeutung den Rahmen der Literatur überschreitet. Die Romantik hatte aber auch eine enorme Bedeutung für die Geschichte Litauens. Ohne zu übertreiben, kann man sagen, daß es die Vorstellungskraft der romantischen polnischen Dichter war, die Litauen als mythisches Land der Urwälder und der heidnischen Götter geschaffen hat. Schon im sechzehnten Jahrhundert hat Maciej Stryjkowski seine »Litauische Chronik« veröffentlicht, die ein paar Jahrhunderte später seinen Nachfolgern als Quelle dienen sollte. Das Bewußtsein der litauischen Identität entwickelte sich anhand der Lektüre von Werken wie »Grazyna« und »Konrad Wallenrod« von Mickiewicz, »Mindowe« von Słowacki, »Pojata, córka Lizdejki« (Pojata, Tochter von Lizdejka) von Bernatowicz, sogar anhand von Kuriositäten wie dem umfangreichen, 1840 erschienenen Poem »Witolorada« von Józef Ignacy Kraszewski: Hier findet sich ein Pantheon von litauischen Göttern, die sich wie die Götter der griechischen Mythologie verhalten. Romantischen Ursprung hat auch das Werk »Starozytne dzieje narodu litewskiego« (Die altertümliche Geschichte des litauischen Volkes) von Narbutt, dessen neun Bände zwischen

1837 und 1841 in Wilna erschienen. Das mythologisierte heidnische Litauen spielte in der polnisch geschriebenen Literatur ungefähr dieselbe Rolle wie das alte Schottland in der englischen. Und die Tatsache, daß das litauische Nationalbewußtsein unter den Einfluß romantischer Ideen geriet, blieb nicht ohne Folgen auch für die Arbeiten der litauischen Historiker. Sie neigten dazu, manche Herrscher und Potentaten der Vergangenheit zu idealisieren.

Die Schönheit dieser Stadt, die Schönheit ihrer geographischen Lage und ihrer Architektur, hat etwas Magisches. Man kann hier leicht vergessen, daß wir am Grab von rund hunderttausend Juden stehen. Der Schrecken dieses Massenmords ist nach wie vor vorhanden, obwohl es für die Lebenden bequemer wäre, sich daran nicht mehr zu erinnern. Für die jüdischen Historiker bleibt Wilna »das Jerusalem des Nordens«, eines der bedeutendsten Zentren der jüdischen Kultur weltweit. Im polnischen Wilna aufwachsend, wußte ich nicht sehr viel über die Vergangenheit des jüdischen Wilna, was viel über die Methode der nationalistischen Lehrbücher sagt, unangenehme Fakten einfach auszulassen. So war es etwa für den polnischen Katholizismus unangenehm, was in dieser Stadt im Jahr 1749 geschehen war. Damals wurde ein Häretiker lebendig auf dem Scheiterhaufen verbrannt: Walentyn Graf Potocki, der sich während seiner Studienzeit in Amsterdam zum Judaismus bekehrte und trotz Folter dem neuen Glauben nicht abschwor. Das Grab dieses Märtyrers wurde von den Juden noch zu meinen Schul- und Studienzeiten verehrt. Ich aber kannte den Grund dieser Verehrung nicht. Ich konnte durchaus als Beispiel für eine Deformation des Geistes aufgrund einer nationalistisch geprägten Erziehung gelten, mühsam mußte ich mich später davon befreien. Das sollte ein warnendes Exempel für die jungen Litauer sein, sich nicht neuen, diesmal litauischen Deformationen zu unterziehen.

Mein heutiges Wissen über das jüdische Wilna stammt hauptsächlich aus Büchern. Dennoch hatte unsere literarische Gruppe »Die Zagaren« einst freundschaftliche Kontakte mit »Jung Vilné«, einer linksorientierten Gruppe jiddisch schreibender Dichter. Aus dieser Gruppe haben Abram Sutzkever, Koczerginski und Chaim Grade den Holocaust überlebt. Chaim Grade hat nach dem Krieg in New York Erzählungen über das Leben in den kleinen jüdischen Städtchen im Wilnaer Kreis geschrieben. Nach Meinung vieler Leser, die Jiddisch können, hätte der Nobelpreis eher ihm als Bashevis Singer gebührt.

Mit Verwunderung denke ich heute an das für immer verschwundene jüdische Wilna: eine Stadt voller Energie, Metropole von Verlagshäusern, die Bücher auf jiddisch und hebräisch publizierten, der Sitz von literarischen Zeitschriften, von Theatern. In dieser Hinsicht konnte nur New York mit Wilna konkurrieren. Es ist deshalb nicht erstaunlich, daß eine Wilnaer Herkunft unter amerikanischen Juden besonders geschätzt wird. Susan Sontag erzählte mir einmal schelmisch, ihr Großvater habe sich eine solche Herkunft herstellen lassen, weil er in Wirklichkeit nur aus einem kleinen Städtchen bei Wilna stammte. Das jüdische Vilné sprach und schrieb hauptsächlich jiddisch. Um die Volkskultur von Wilna und der Shtetl in seiner Umgebung zu bewahren und zu erforschen, wurde in Wilna einst das Jüdische Historische Institut gegründet. Gewissermaßen sein Nachfolger ist das JIVO-Institut in New York, das die geretteten Archive seines Vorgängers aufbewahrt.

Die politische Geschichte in diesem Teil Europas ist ohne die herausragende Rolle des »Bundes« nicht zu denken. Die jüdische sozialistische Partei »Der Bund« wurde 1897 gegründet, im zaristischen Imperium wetteiferte sie mit den Bolschewisten und den Sozialrevolutionären. Für mich verbindet sich das Wort »Bund« nicht mit einer schon fernen Vergangenheit, sondern mit noch lebenden Gestalten wie Marek Edelmann – ein Bundist und Anführer des Aufstandes im Warschauer Ghetto, der seiner Partei treu blieb und nach dem Krieg nach Israel emigrierte. Stalin war der »Bund« so verhaßt, daß er seine Führer verhaften und erschießen ließ. Während des Zweiten Weltkriegs organisierten Mitglieder des »Bundes« den aktiven Widerstand in den Ghettos von Wilna, Białystok und Warschau. Sie arbeiteten mit polnischen Sozialisten zusammen. Unter den Helden meiner Jugend befand sich Leszek Raabe, Student und sozialistischer Aktivist. Raabe, der kein Jude war, wurde von den Nazis erschossen, weil er als Verbindungsmann zwischen dem »Bund« im Ghetto von Wilna und dem in Warschau fungierte.

Eine besondere Eigenschaft von Wilna: Es ist eine Stadt des semantischen Mißverständnisses. Wenn Wilna die historische Hauptstadt von Litauen genannt wird, trifft das nicht ganz zu. Zwar war Wilna Hauptstadt des litauischen Großfürstentums, aber das war kein Nationalstaat. Daß die Bevölkerung in diesem riesigen Land überwiegend russisch-orthodox war und nicht litauisch, sondern altweißrussisch oder altukrainisch sprach, konnte für Wilna nicht ohne Folgen bleiben. Es scheint, daß die Historiker einige Probleme haben, sich Wilna als eine Siedlung von russisch-orthodoxen Kaufleuten mit einer großen Anzahl von hölzernen orthodoxen Kirchen vorzustellen. Sowohl bei den polnischen als auch bei den litauischen Historikern ist ein Wille zu bemerken, das östliche Element geringzuschätzen. Ein Wunder ist das nicht, hat doch die russische Propaganda das Urslawische von Wilna gern unterstrichen. Es besteht aber kein Zweifel, daß der östliche Kalender das Leben und den Handel der Kaufleute in Wilna bestimmte. Erst im siebzehnten Jahrhundert setzte sich der Stadtrat zur Hälfte aus Russisch-Orthodoxen und zur Hälfte aus Anhängern des römischen Kalenders zusammen, das heißt aus Katholiken und Protestanten.

Wilna wurde an der Grenze zwischen byzantinischer und römischer Zivilisation erbaut. Das Großfürstentum und später die polnisch-litauische Rzeczpospolita widerstanden Moskau lange erfolgreich. Die Wende vollzog sich 1655. Damals wurde Polen von Schweden überfallen, aus dem Osten wiederum marschierte die russische Armee in Richtung Wilna und besetzte die Stadt. Die Russen steckten die Stadt in Brand und richteten unter der Bevölkerung ein Blutbad an. Erst 1661 wurden die Russen aus Wilna verdrängt. Man kann diese Ereignisse als Beginn der Expansion des russischen Imperiums betrachten. Wir befinden uns in Wilna an jenem Punkt Europas, an dem sich Polonisierung, Russifizierung und Litauisierung ständig abwechselten. Ich erinnere mich an Erzählungen meines Vaters, der ein Gymnasium in Wilna besuchte. Alle Unterrichtsstunden waren in russischer Sprache, auch der Religionsunterricht. Aber der Pfarrer richtete sich nicht danach und ließ die Schüler für den Fall einer

Inspektion nur ein paar Sätze aus der Heiligen Schrift auswendig lernen.

Den litauischen Eifer kann man nachvollziehen, obgleich hier einige mythische Vorstellungen durchaus einigen Jahrhunderten an Geschichte widersprachen. Als Litauen 1939 Wilna in Besitz nahm, gab es in der Stadt die Stefan-Batory-Universität, meine Alma mater. Sie rühmte sich ihrer Herkunft: Sie wurde als Jesuitenkolleg gegründet, dessen Statut der König Stefan Batory bestätigt hatte. Ich verdanke dieser Universität so viel, daß ich undankbar wäre, wenn ich gegenüber ihren Professoren nicht loyal bliebe. Ich finde, daß es ein Fehler war, diese Universität 1939 auf Anordnung der litauischen Behörden von einem Tag auf den anderen aufzulösen. Gerade die Professorenschaft dieser Universität hatte die Verbundenheit mit der Tradition des Großfürstentums bewahrt und sich dem polnischen Nationalismus widersetzt, dem Wilna einfach als ein Teil Polens galt. Die Idee einer möglichst raschen Litauisierung stand im Widerspruch zum organischen Rhythmus der Stadt als vielsprachigem Mosaik. Hätte die Universität weiter arbeiten können, hätte sie zur geistigen Integration von Wilna in ganz Litauen beigetragen, indem sie einen litauischen Patriotismus unabhängig von nationaler Zugehörigkeit gefördert hätte. Aber solche Überlegungen werden eher unwesentlich angesichts der sowjetischen Besetzung, die bald folgte.

Ich kann mir denken, daß Günter Grass jedesmal, wenn er nach Danzig kommt, dasselbe empfindet wie ich in Wilna: Es ist meine Stadt, und zugleich ist sie es nicht. Unser Teil Europas wurde durch die Massenbewegungen der Bevölkerung am Ende des Zweiten Weltkriegs verändert. Durch Stalins Entscheidung, Polen in Richtung Westen zu verlagern, wurde die deutsche Bevölkerung großer Städte wie Danzig, Breslau oder Stettin vertrieben. In die Häuser und Wohnungen, die erhalten geblieben waren, zogen Vertriebene aus dem Osten, aus Wilna und Lemberg. Ein halbes Jahrhundert ist seither vergangen, dennoch leben wir weiterhin mit den psychischen Folgen von Dekreten, die zumal nach den Erfahrungen von Bosnien und dem Kosovo alle Merkmale von ethnischen Säuberungen tragen.

In der polnischen Literatur läßt sich bemerken, wie beständig das Trauma der Vertreibung geblieben ist. Gleichzeitig gibt es den Versuch, eigene Wurzeln an einem neuen Ort zu finden: durch geistige Begegnung mit den Menschen der Vergangenheit, die einst durch dieselben Straßen gelaufen sind. Ein Pole in Danzig zum Beispiel wird mit der deutschen Kultur konfrontiert, die sich jahrhundertelang aufgeschichtet hat und die in jedem architektonischen Detail anwesend ist. Die Vergangenheit, die sich bei jedem Schritt durch Danzig oder Wilna in Erinnerung bringt, verlangt nach Wahrhaftigkeit, wenn wir über das, was war, nachdenken und schreiben. Das Verschwinden des kommunistischen Polen, das propagandistisch »die wiedergewonnenen urpolnischen Lande« pries, hat diese Wahrhaftigkeit erleichtert. Die Polen, die sich als Danziger oder Breslauer fühlen, weil sie in diesen Städten ihre Kindheit und Jugend verbrachten, scheinen Achtung für das Erbe zu lernen. Und dieses Erbe verdanken sie der Arbeit von vielen deutschen Generationen.

Ich weiß nicht, was die Litauer in Wilna, was vor allem die Schriftsteller denken. Von wenigen Ausnahmen abgesehen, sind sie noch nicht lange hier. Unvermeidlich deshalb, daß sie sich manche Fragen über die eigene Identität stellen. Es ist heikel, muß aber gesagt werden: Der sentimentale Patriotismus löst bei den Schriftstellern von Wilna Freude und Triumph aus – die ehemalige Hauptstadt Litauens ist wiedergewonnen. Sie suchen auch nach litauischen Spuren, die unter dem Firnis der Polonisierung erhalten blieben, und rühmen etwa die litauische Herkunft des Architekten Gucewicz. Gleichzeitig wissen sie, daß dies nur die Oberfläche ist, daß jeder für sich selbst ein viel schwierigeres Problem bewältigen muß: Wie kann man dieses Erbe als das eigene anerkennen, wie fügt man sich in die Generationenkette dieser Stadt ein? Das kann nur durch die Suche nach Wahrheit geschehen. Nicht nur die Wahrheit des Faktischen ist damit gemeint, sondern auch die emotionale Wahrheit der Menschen, die hier gelebt haben. Zum Prüfstein könnte hier die Fähigkeit zur Empathie werden und dank dieser das Schreiben einer Biographie, zum Beispiel über einen russisch-orthodoxen Kaufmann aus dem sechzehnten Jahrhundert oder über ein Mitglied der Freimaurerloge »Der Eifrige Litauer« im Jahr 1820.

Zum Schluß möchte ich mich eines Beispieles bedienen, das zeigt, wie schwierig es ist, zur Wahrheit zu kommen, wenn es eine fremde Wahrheit ist, die Wahrheit eines anderen Menschen. Es gibt ein für mich ergreifendes Bild, das von einem Maler aus Wilna gemalt wurde: Ludomir Slendzinski war einer der bekanntesten Maler der Zwischenkriegszeit. Einige Jahre gab er Zeichenunterricht an meiner Schule, dann hatte er eine eigene Klasse an der Universität. Er war gebürtiger Wilnaer und Sohn einer Malerdynastie. Bevor Slendzinski 1945 Wilna verließ, malte er ein Porträt seiner Stadt als einer Feerie von Kirchtürmen und Wolken. Das Gemälde nannte er »Oratorium«. Das Bild wird heute im Slendzinski-Museum in Białystok aufbewahrt. Für mich ist das »Oratorium« ein Lobpreis der Schönheit der Architektur von Wilna – und ein Trauergesang. Dieses Lamento eines Verbannten wird für immer zur Geschichte der Stadt gehören, auch dann, wenn niemand mehr sich an die Einteilung in Sieger und Besiegte erinnern wird.

Tafel am Russischen Theater

Ankündigung der gemeinsamen Lesung

Günter Grass in Klaipėda

Czesław Miłosz

Tomas Venclova

Wisława Szymborska

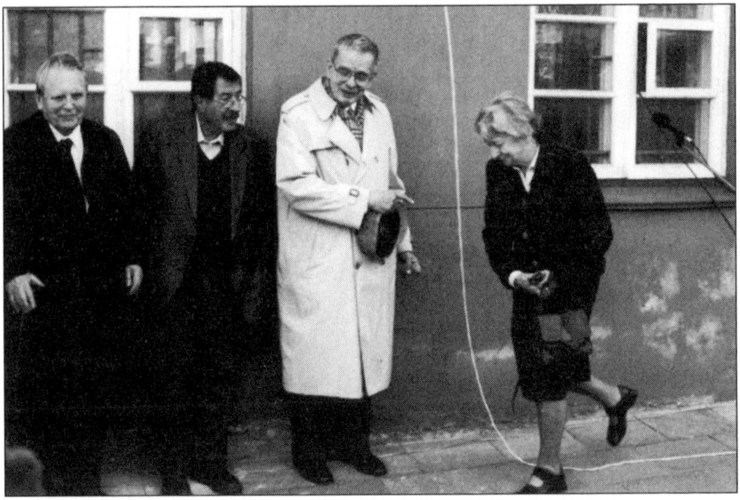

Enthüllung der Brodsky-Gedenktafel in der Liejyklos-Straße 1. Der russische Literaturnobelpreisträger Joseph Brodsky, eng befreundet mit Miłosz und Venclova, lebte während seiner Aufenthalte in Vilnius 1966–1971 in diesem Haus.

St.-Anna-Kirche

Kirche der Heiligen Teresa

Litauische Parlamentswahlen im Oktober 2000

Eingangsportal zur Kanzlei des litauischen Präsidenten

Innenhof des Alumnats, Universiteto-Straße

Gedenktafel auf Hebräisch und Altrussisch für eine ehemalige jüdische Armenküche

Empfang im Präsidentenpalast durch den litauischen Staatspräsidenten Valdemar Adamkus und seine Gattin

Die drei Nobelpreisträger

Pressekonferenz im Alten Rathaus mit Grass, Venclova und Martin Wälde

Podiumsgespräch über »Die Zukunft der Erinnerung«

An der Memel

Tomas Venclova

Aus dem Litauischen von Michael H. Kohrs

Weiße Flecken der Erinnerung

Wir sind in einer Stadt, deren Atmosphäre ganz unmittelbar zum Gespräch über die Erinnerung einlädt. Ungeachtet aller Kriege und Okkupationen ist es Vilnius gelungen, sein historisches Erbe zu bewahren – wenn nicht vollständig, so doch wenigstens einen großen Teil. Die Aura der Stadt ist immer noch eine barocke. Geblieben sind die schönen, energiedurchdrungenen Formen der St.-Anna-Kirche, die klassische Geometrie der Kathedrale, des Rathauses und des Präsidentenpalastes.

Was als Vilniuser Kultur bezeichnet wird, ist ein verwunderliches Amalgam, das an unserem Rande Europas seinesgleichen sucht. Es wurde geschaffen von Litauern, Polen und Juden, aber auch von Deutschen und Russen, Italienern und Weißrussen, Franzosen und Tataren. Jedes dieser Völker erhebt Anspruch auf einen Teil der Erinnerung von Vilnius und einzelne gar auf die ganze Erinnerung. Vom Ende des neunzehnten Jahrhunderts an bis in die jüngste Vergangenheit war so mancher meiner Landsleute geneigt, die Bewohner der Stadt in die »wahren Hausherren« (die Litauer) und die dämonisierten »Fremden« zu teilen. Ähnlich versündigten sich auch Vertreter anderer Völker, aber mir als Litauer steht es zuallererst an, über die eigenen Sünden zu sprechen.

Der Wunsch, sich eine Erinnerung anzueignen, die allen gehört, ist, so hoffe ich, inzwischen Geschichte. Vilnius wird heute als vielsprachige, heterogene Stadt anerkannt, eine Stadt wie ein Palimpsest, eine hybride Stadt. Überdies beginnen Neuerungen, die das gegenwärtige Jahrhundert des Marktes und der globalen Vernetzung mit sich bringt, die Vergangenheit Schritt für Schritt zu überdecken. Ein Fotograf hat sich unlängst bei mir beklagt, daß die Arbeit in der Vilniuser Altstadt inzwischen schwer geworden sei: Auf das Bild gerate nicht nur eine barocke Volute oder ein gotischer Bogen, sondern fast unausweichlich eine Fernsehantenne, eine provinziell modernisierte Vitrine oder Reklame. Aber auch das fließt vielleicht in den Palimpsest von Vilnius ein, als eine weitere, nur bedingt abstoßende historische Schicht.

Dieser Blick auf Vilnius läßt mich an zwei Städte mit traurigerem Schicksal denken. Ich bin in Klaipėda geboren, das sich in keiner Weise mit Vilnius messen konnte und dennoch auf seine Art anziehend wirkte. Wie Vilnius war es eine marginale, aber vielseitige Stadt im Grenzgebiet, ein Danzig im Miniaturformat. Danzigs Schicksal im zwanzigsten Jahrhundert ist dem Klaipėdas durchaus vergleichbar. Die Deutschen nannten die Stadt Memel und nennen sie manchmal heute noch so. Dem Großteil der Litauer ist dieser Name nicht lieb, denn er wurde der Stadt »von den Fremden aufgedrückt«. Dennoch scheint mir, daß gerade die Existenz zweier Namen ein wichtiger Teil der Erinnerung in dieser und an diese Stadt ist. Auch in Klaipėda konnte man das nicht alltägliche Verschmelzen der Kulturen beobachten: Die deutsche Stadtbevölkerung verkehrte mit den litauischen Fischern und Bauern, für deren Lieder sich selbst Herder und Goethe interessierten. Nach 1945 haben sowjetische Industrie und Plattenbauviertel das stark zerstörte Zentrum Klaipėdas erdrückt und in eine nichtssagende, unansehnliche Stadt ohne jede Individualität verwandelt. Erst heute versucht man dort etwas von der einstigen Stimmung wiederherzustellen – gegenüber dem Stadttheater steht wieder das von Simon Dach besungene Ännchen von Tharau, und vom Glockenturm erklingt die Melodie eines alten lutheranischen Gesanges. Aber im Grunde sind das nur Simulationen.

Ein noch schlimmeres Schicksal traf Königsberg, das die Litauer Karaliaučius nennen – ebenfalls eine Grenzstadt und auch sie ein kulturelles Amalgam. Dort wurde das alte Erbe über mehr als vier Jahrzehnte planmäßig zerstört. Inzwischen versucht man, das eine oder andere wiederaufzubauen, aber für Königsberg ist es zu spät: Die Stadt gleicht einer Geröllhalde, einem Trümmerhaufen, und zwischen stalinistischen Baracken und ödem Brachland steht der als einziges instandgesetzte Dom einsam und verloren da. Königsberg trägt immer noch den Namen des Lakaien Stalins, Michail Kalinin. Als einige in der Stadt ansässige Intellektuelle vorschlugen, Kaliningrad den alten Namen wiederzugeben, reagierte ein deutscher Professor, der aus Königsberg stammt und nach Jahrzehnten auf Besuch in der Stadt war, mit folgenden, vielleicht richtigen Worten: »Dieser *Dreck* (im Original deutsch, d. Übers.) kann sich auch Kaliningrad nennen.«

Weder in Kaliningrad oder in Klaipėda noch in Vilnius hat sich die fruchtbare Grenzkultur erhalten, die einst Adam Mickiewicz und Czesław Miłosz, Immanuel Kant und E.T.A. Hoffmann, Simon Dach, Johannes Bobrowski und viele litauische Dichter hervorbrachte. Statt dessen etablierte sich in der zweiten Hälfte des zwanzigsten Jahrhunderts eine sowjetische beziehungsweise eine bis jetzt nicht sonderlich beeindruckende postsowjetische Kultur. Erinnerung wurde hier bewußt zerstört, unterstützt von der natürlichen schrittweisen Erosion der Erinnerung, die selbst große Anstrengungen, das Erbe vergangener Zeiten zu bewahren, nicht aufhalten können. Ob wohl wenigstens ein Teil der Kultur unserer Region – und zahlreicher anderer Regionen –

im einundzwanzigsten Jahrhundert wiedergeboren wird?

Viele fürchten heute den neuen Markt und die Mechanismen der Globalisierung. Sie können, so wird uns versichert, sogar das zerstören, was die totalitären Regime nicht die Kraft hatten auszulöschen. Man spricht davon, daß es zwei Kulturen gebe – die alte Kultur der Erinnerung und die neue Kultur des Vergessens. Die Litauer beleben feierlich ihre agrarischen Traditionen, die Kirgisen oder Kasachen ihre nomadischen Traditionen, ihre Lieder, die auswendig gelernten epischen Poeme, länger als die Ilias oder die Bibel. Den Gegensatz dazu bildet die Kultur des Vergessens, die gerne abfällig als Hollywood- und Internet-Kultur bezeichnet wird.

Ich möchte nicht der Verführung zur Vergötterung des Marktes und zum grenzenlosen Liberalismus nachgeben, die mir, wie vielen anderen, vor Augen steht. Aber ich will auch nicht in Panik verfallen. So wie die Apologie der Modernität und des Fortschritts dem totalitären Entwurf einer »lichten Zukunft« verwandt ist, verschmilzt die Apologie der traditionellen Gesellschaft und des Erinnerns ihrerseits auf unangenehme Weise mit den Mythen von *Blut und Boden* (im Original deutsch, d. Übers.), deren traurige Folgen allen bekannt sind. Jeder von uns ist aufgerufen, hier das rechte Maß und einen Mittelweg zu finden.

In der Kultur stehen die Mechanismen des Erinnerns und des Vergessens miteinander im Wettbewerb, und beide sind notwendig. Wenn verdorbene und grausame Utopien Erinnerung auslöschen, Menschen herabwürdigen – die Menschen Mittel- und Osteuropas wissen darüber mehr als andere –, so verhärtet und paralysiert ein Kult des Erinnerns und verwandelt Kultur in eine hängengebliebene Schallplatte.

Neue Strömungen verneinen immer die alten; auch sehr wichtige kulturelle Texte werden an den Rand verdrängt, bis sie früher oder später ein Nachfahre wieder zurückholt. Das Mittelalter schob das antike Erbe zur Seite – um so eindrucksvoller war seine Rückkehr in der Renaissance oder die Wiederentdeckung des Mittelalters durch die Romantiker.

Zudem ist die Erinnerung in allen Gesellschaften ein Privileg, das nicht jedem zufällt. In frühen Gesellschaften machten es sich Schamanen, Barden und Schriftkundige zu eigen; heute sind Schriftsteller und Intellektuelle die Hüter der Erinnerung – zumindest sollten sie es sein. Und ihre Zahl ist gewiß nicht geringer als einst die der Schamanen und Barden.

Während die alten Gesellschaften nur die Traditionen ihrer eigenen Gruppe kannten und alle anderen für fremd und feindlich hielten, öffnen sich uns heute sämtliche Traditionen der Menschheit. Die

Symbole aller lebenden, toten oder wie in Tibet sterbenden Zivilisationen, die Literatur und Architektur, die Musik und die Malerei aller Epochen stehen als organische Einheit vor uns. Endlich begreifen wir, daß das Ablösen von Vergessen und Erinnern immer Reaktion auf dieselben Herausforderungen ist, der Versuch, in der jeweils eigenen Art auf dieselben, wahrscheinlich unlösbaren Fragen zu antworten. Den Interessierten ist das Erbe der Vergangenheit heute zugänglicher als je zuvor, auch mit Hilfe des unausstehlichen Internet.

Der Totalitarismus bot uns einige Schemata und Mythen an und schrieb dabei vor, alles andere zu vergessen. Er deformierte das historische Bewußtsein, machte die Geschichte zu einem Instrument der Politik und zensierte praktisch alles. Die Vergangenheit verwandelte sich regelrecht in ein Königreich der »weißen Flecken«, ähnlich dem Ödland von Kaliningrad. Und was nicht verschwiegen wurde, war meist in schwarzen Farben gemalt oder schamlos geschönt. Mit dem Siechtum und Sterben des Totalitarismus erwachten leider die entgegengesetzten Stereotype wieder, die sich durch die Tatsache gerechtfertigt und gestärkt sahen, daß sie lange Jahre verboten waren. (Manchmal übrigens verbot das kommunistische Regime sie nicht völlig, vermochte sie auf seine Weise zu manipulieren, umwarb so die Intelligenz, die an jenen Stereotypen hing, und machte sie willfährig.)

Erinnerung ist eines der Lieblingswörter des Nationalismus. Aber eine von kategorischen Nationalisten angebotene Erinnerung ist im Grunde nicht weniger selektiv und deformiert als jenes pseudohistorische Gebräu, das uns in der kommunistischen Epoche aufgedrängt wurde. Die Nationalisten meinen, daß es am wichtigsten sei, das »Eigene« zu erinnern: die eigenen Heldentaten und Siege, die eigenen Helden und Genies und – an erster Stelle – die eigenen Leiden und Qualen, an denen immer die »Fremden« schuld seien. Deren Werte wiederum gelten bestenfalls als verdächtig. So wird Erinnern zu einem Feiern von Jubiläen, einem endlosen Zurschaustellen der eigenen Wunden, einer gegenseitigen Aufrechnung und zu einem Wettbewerb im Märtyrertum. Schnell erweist sich diese Form des Erinnerns als leere Rhetorik und als Kitsch, hinter der sich meist allzu irdische politische Interessen verbergen. Nach Leszek Kołakowski läßt sich das Wesen des Nationalismus in einem Satz zusammenfassen: Wir sind die besten und die klügsten, alle wissen das und wollen uns deshalb vernichten.

In jedem Volk gibt es Menschen, die sich dieses kategorischen Nationalismus schuldig machen, aber es schmerzt mich und macht mir große Sorgen, wenn sich die Meinen so versündigen. In Vilnius wenigstens wird dieses Elend langsam bewältigt, und zum Glück wurde Vilnius nie zu einem Sarajewo oder Pristina. Denn wenn der von Herder postulierte »Geist des Volkes« zum Götzen wird, ist das in der Regel der Anfang der Apokalypse. Deshalb ist den Völkern und jedem Menschen ruhige Würde, Verantwortungsgefühl und ein furchtloses Erinnern zu wünschen, in dem nicht nur das Vergegenwärtigen der eigenen Leiden, sondern auch der eigenen Vergehen und Schuld Platz findet.

Kunst, die diesen Namen verdient, steht immer auf der Seite der Minderheit. Dieser Gedanke stützt oftmals den Anspruch, daß gerade die Kunst, und zuallererst die Literatur, die Erfahrungen und die Werte, die kleinen Völkern eigen sind, hüten und festhalten soll. Das ist bei uns, den erst vor kurzem in die Freiheit zurückgekehrten baltischen Völkern, ein sehr populäres Thema. Darin liegt auch viel Wahrheit. Aber zugleich muß daran erinnert werden, daß ein jedes Individuum eine Minderheit und einzigartig ist. Das Verhältnis individueller Werte zu kollektiven Werten ist sehr ambivalent, hier gibt es notwendigerweise ironische Berührungspunkte, Zweifel und Protest, scharfe Konflikte und Subversion.

Das Volk ist ein hypostasiertes Konzept, es existieren keine Völker als solche, sondern nur Tausende und Millionen von Individuen, die durch ihre Herkunft, ihre Muttersprache und ihre Tradition (mehr oder weniger) verbunden sind, aber gleichzeitig getrennt durch tragische und komische, schöne und bedauernswerte, seltsame und groteske Schicksale. Geburt, Erziehung und auch meine persönliche Wahl verbinden mich mit dem einen oder anderen Volk, vielleicht am meisten mit seiner Sprache, die zu erhalten und zu verbreiten die erste Aufgabe des Schriftstellers ist. Aber ein Schriftsteller, wie genaugenommen jeder Mensch, ist verpflichtet, seine eigene, einzigartige Wahrheit auszudrücken, die nicht mit den von der Gesellschaft akzeptierten oder der Gesellschaft aufgedrängten Monologen im Einklang steht.

So gibt es viele Spielarten des Erinnerns, und ich habe die Hoffnung, daß im einundzwanzigsten Jahrhundert ein Erinnern siegen wird, das dieser Vielfalt und der Menschlichkeit verbunden ist. Die dunklen Kräfte, die dem Totalitarismus und einem zoologischen Nationalismus innewohnen – beide Phänomene haben viel miteinander zu tun –, sind wohl unausrottbar: Das zeigen die gegenwärtigen Ereignisse in Tschetschenien und auf dem Balkan. Aber dem Schriftsteller, der seine Pflichten gegenüber dem Erinnern ernst nimmt, kann es dennoch manchmal gelingen, diesen Kräften Widerstand zu leisten und ihre Macht zu untergraben, wie dies George Orwell und Alexander Solschenizyn, Joseph Brodsky und meinen hier anwesenden verehrten Kollegen gelungen ist. Und das ist nicht ganz wenig.

Wisława Szymborska

Aus dem Polnischen von Karl Dedecius

Wolken (Chmury)

Mit der Beschreibung der Wolken
müßt ich mich eilen –
schon im Bruchteil eines Moments
sind sie nicht mehr die, sind sie andere.

Ihre Eigenschaft ist,
sich in Formen, Schattierungen, Posen, im
    Wechselspiel
niemals zu wiederholen.

Nicht beschwert mit dem Erinnern von nichts,
erheben sie sich mühelos über die Fakten.

Was wären das schon für Zeugen,
sie verlaufen sofort in jede Richtung.

Verglichen mit Wolken
erscheint das Leben verwurzelt,
fast schon dauerhaft und beinahe ewig.

Neben den Wolken
sieht der Stein sogar aus wie ein Bruder,
auf den man sich verlassen kann,
doch sie, nun ja, sind ferne und scheue Kusinen.

Mögen die Menschen sein, wie sie wollen,
und dann der Reihe nach jeder von ihnen sterben,
sie, die Wolken, geht das nichts an,
das seltsame
alles.

Über deinem ganzen Leben
und über meinem, noch nicht ganzen,
paradieren sie protzend wie einst permanent.
Sie sind nicht verpflichtet, mit uns zu vergehen.
Sie fließen, ohne daß wir sie sehen.

Psalm (Psalm)

Wie undicht sind doch die Grenzen menschlicher
Staaten!
Wie viele Wolken treiben straflos darüber hinweg,
wieviel vom Sand der Wüsten rieselt von Land zu
Land,
wie viele Bergsteine purzeln auf fremde
Ländereien in frechem Gehüpf!

Muß ich hier jeden Vogel erwähnen, wie er fliegt
oder wie er sich eben setzt auf den gesenkten
Schlagbaum?
Und wäre es gar ein Spatz – schon ist sein
Schwänzchen drüben,
sein Schnabel aber noch hüben. Und obendrein –
wie er sich plustert!

Von ungezählten Insekten nenne ich nur die
Ameise,
die zwischen dem linken und rechten Schuh des
Grenzpostens
auf dessen Frage: woher, wohin – sich zu keiner
Antwort bequemt.

Oh, dieses ganze Durcheinander auf einmal auf
allen Kontinenten!
Schmuggelt da nicht vom anderen Ufer die
Rainweide
das hunderttausendste Blatt über den Fluß?
Wer sonst als der Tintenfisch, langarmig, dreist,
verletzt die heilige Zone der Hoheitsgewässer?

Kann überhaupt von Ordnung gesprochen werden,
wo man nicht einmal die Sterne ausbreiten kann,
damit man weiß, wem welcher leuchtet?

Und dann das tadelnswerte Sich-Breitmachen
dieses Nebels!
Das Stauben der Steppe überallhin,
als wäre sie nicht in der Mitte geteilt!

Und das Tragen der Stimmen auf willigen Wellen
der Luft:
des Lock-Gepiepses und des bedeutsamen
Glucksens!

Nur das, was menschlich ist, kann wahrhaft fremd
sein.
Der Rest ist Mischwald, Maulwurfsarbeit und
Wind.

Haß (Nienawiść)*

Seht her, wie unentwegt wendig er ist,
wie gut er sich hält
in unserem Jahrhundert, der Haß.
Wie einfach er Hindernisse nimmt.
Wie leicht es ihm fällt – aufzuspringen, loszuschlagen.

Er ist nicht wie die andren Gefühle.
Er ist zugleich älter und jünger als sie.
Die Ursachen, die ihn am Leben erhalten, gebiert
er selbst.
Schläft er ein, dann nie für ewig.
Schlaflosigkeit schwächt nicht, sie steigert seine
Kraft.

Religion oder nicht –
Hauptsache, er kniet beim Start.
Vaterland oder keins –
Hauptsache, er spurtet los.
Für den Anfang kann's auch Gerechtigkeit sein,
dann aber rennt er von allein.

Der Haß. Der Haß.
Sein Gesicht schneidet Grimassen
selbst in der Liebesekstase.

Ach, diese andren Gefühle
hinfällig und schlapp.
Seit wann kann denn Brüderlichkeit
auf Menschenmassen bauen?
Kam Mitleid je
zuerst ans Ziel?
Wie viele Gutwillige reißt schon Verzagtheit mit?

Er, der Bescheid weiß, reißt aber mit.
Begabt, gelehrig, sehr emsig.
Jeder weiß, wie viele Gesänge er erfand.
Wie viele Seiten er im Geschichtsbuch paginiert
hat.
Wie viele Menschenteppiche er ausgerollt hat
auf wie vielen Plätzen, Stadien.

Machen wir uns nichts vor:
Er schafft auch Schönheit.
Herrlich ist dieser Feuerschein in schwarzer
Nacht.
Prachtvoll die Explosionen im Morgenrot.
Pathos ist den Ruinen nicht abzusprechen
und der mächtig himmelstürmenden Säule
nicht der derbe Humor.

Er ist ein Meister des Kontrasts
zwischen dem Rattern und der Stille,
zwischen dem roten Blut und dem weißen Schnee.

Und vor allem langweilt ihn nie das Motiv des
        adretten Schinders
überm geschändeten Opfer.

Zu neuer Mission ist er allzeit bereit.
Wenn er warten muß, wartet er.
Blind sei er, sagt man. Blind?
Er hat ein Scharfschützenauge
und zielt verwegen in die Zukunft
– er allein.

* In der Diskussion, die sich den Reden anschloß, äußerte Wisława Szymborska: »Ich glaube, daß der Haß irgendwann, in uralten Zeiten, vielleicht auch notwendig und genetisch bedingt war. Vielleicht half er im Kampf um das elementare Überleben der Menschheit, der damals noch gar nicht die Bezeichnung Menschheit zustehen konnte ... Nur leider hat dieses Gen – Entschuldigung, daß ich mich so unwissenschaftlich ausdrücke –, dieses Gen des Hasses auf irgendeine Weise überlebt. Es verursacht, daß wir bis heute auf jedes Anderssein im ersten Moment schlecht, mißtrauisch und feindselig reagieren; wir versuchen nicht, auf die Gründe dieses anderen Menschen einzugehen. Ich denke, daß der Haß als archaisches und bereits anachronistisches Gefühl behandelt werden sollte. Ich kann nachvollziehen, daß man in Zorn geraten kann und soll, weil das den Kampf um eine Sache ermöglicht. Bloß ist der Haß etwas anderes als der Zorn. Ich denke, daß er tatsächlich ein Gefühl ist, das uns nach hinten und nicht nach vorne zieht ...« (übersetzt von Dorota Swinarska)

Ende und Anfang (Koniec i początek)

Nach jedem Krieg
muß jemand aufräumen.
Leidliche Ordnung
kommt nicht von allein.

Jemand muß die Trümmer
an den Straßenrand kehren,
damit die Leichenkarren
sie passieren können.

Jemand muß versinken
in Asche und Schlamm,
Sofafedern,
Glassplittern,
in blutigen Lumpen.

Jemand muß, um die Wand zu stützen,
den Balken herbeischleppen,
jemand das Fenster verglasen
und die Tür wieder einhängen.

Fotogen ist das nicht,
und es kostet Jahre.

Längst zogen die Kameras
in den nächsten Krieg.

Die Brücken muß man wieder
und die Bahnhöfe aufs neue.
Die Ärmel vom Hochkrempeln
hängen in Fetzen.

Jemand, mit dem Besen in der Hand,
erinnert sich noch, wie es war.
Jemand hört zu und nickt
mit dem nicht geköpften Kopf.
Aber ganz in der Nähe schon
treiben sich welche herum,
die das langweilig finden.

Manchmal buddelt einer
unterm Strauch
durchgerostete Argumente aus
und wirft sie auf den Müll.

Diejenigen, die wußten,
worum es hier ging,
machen denen Platz,
die wenig wissen.
Weniger noch als wenig.
Und schließlich so gut wie nichts.

Im Gras, das über Ursachen
und Folgen wächst,
muß jemand ausgestreckt liegen,
einen Halm zwischen den Zähnen,
und in die Wolken starrn.